Pierre Marchand 1939-2002
Fondateur en 1972 du département Jeunesse des Éditions Gallimard, Pierre Marchand était un éditeur autodidacte, il y tenait.
Aux commandes de Gallimard Jeunesse pendant vingt-six ans, il a lancé de nombreuses collections à succès qui rayonnent toujours sur la scène internationale. L'Éditeur, à la curiosité acérée, à l'esprit audacieux, à la soif inaltérable de création, a su enrichir le catalogue Gallimard Jeunesse et le paysage français de la littérature de jeunesse d'un vivier d'auteurs et d'illustrateurs.
Guidé par un de ses credo, il a révolutionné le livre illustré : « Les livres pour la jeunesse sont des livres premiers. Comment peut-on croire qu'il puisse exister un livre pour adultes s'il n'y a pas de livres pour enfants ? »
Dès l'enfance, passée dans le Marais breton où rien ne le prédisposait au destin exemplaire qui a été le sien, Pierre Marchand s'est déclaré un fervent amoureux du livre en général, de la poésie en particulier. *Oceano Nox* de Victor Hugo, *L'Albatros* de Baudelaire résonnent encore d'une voix nasillarde, forte et lyrique pour qui partageait le quotidien familial, amical ou professionnel de Pierre.

Rudyard Kipling figurait lui aussi en bonne place au panthéon de ses auteurs. À bord d'un catamaran au large de la mer des Antilles, tandis que Pierre déclamait les vers (français) de *If...* à son petit-fils Ugo, sa nouvelle idée était née.
Était-elle inspirée par l'union, le temps d'un voyage, de ce qu'il nommait ses « trois familles, celles de la mère qui m'a donné la vie, de la mer et de l'édition » ?
Ou nourrie par ses convictions sans cesse renouvelées selon lesquelles « on ne naît pas lecteur, on le devient » grâce à « la première lecture, celle de l'image. Il faut donner aux enfants de belles images » ?
Gallimard Jeunesse éditerait le poème de Kipling en album illustré : chaque double page traduirait UN vers mis en image par UN illustrateur. L'album serait dédicacé à son premier petit-fils Ugo.
Pierre aimait travailler en équipe et, selon une autre de ses formules consacrées, avait le sens de « l'amitié née du travail ».
Aujourd'hui, en dépit des années écoulées depuis sa disparition brutale, ses amis éditeurs, maquettistes, illustrateurs, imprimeurs et relieurs s'en souviennent, lui rendent hommage et réunissent avec fidélité leurs compétences, leur talent et leur passion pour inventer cette version illustrée de *Si...*
À son image.

Marie-Christine Baladi

Illustration par Titouan Lamazou

Rudyard Kipling

SI

Traduit de l'anglais par
Jean-François Ménard

Gallimard Jeunesse

Si tu peux être en paix alors qu'autour de toi
Tous ont perdu la tête et t'en jettent le blâme,
Si tu peux t'affirmer quand tous doutent de toi
Mais comprendre leur doute au tréfonds de ton âme,

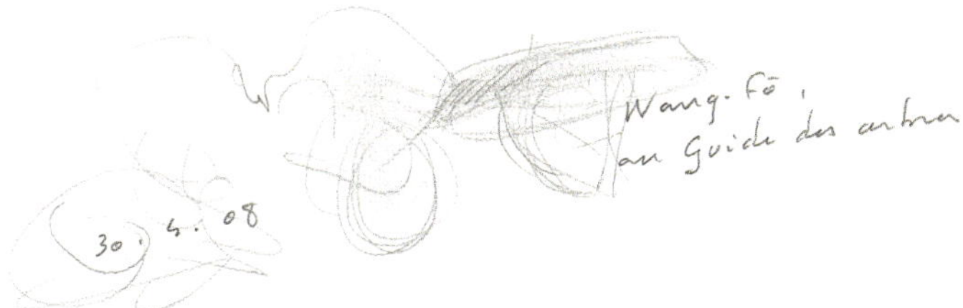

Georges Lemoine

Si tu peux être en paix alors qu'autour de toi
Tous ont perdu la tête et t'en jettent le blâme,
Si tu peux t'affirmer quand tous doutent de toi
Mais comprendre leur doute au tréfonds de ton âme,
Si tu peux patienter sans que pèse l'attente

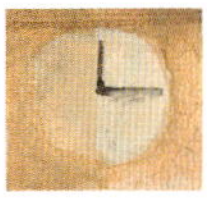

Jame's Prunier

Si tu peux être en paix alors qu'autour de toi
Tous ont perdu la tête et t'en jettent le blâme,
Si tu peux t'affirmer quand tous doutent de toi
Mais comprendre leur doute au tréfonds de ton âme,
Si tu peux patienter sans que pèse l'attente
Ou subir le mensonge et ne jamais mentir,
Ou supporter la haine et ne jamais haïr,

Henri Galeron

TCHIP, TCHIP...!

Si tu peux être en paix alors qu'autour de toi
Tous ont perdu la tête et t'en jettent le blâme,
Si tu peux t'affirmer quand tous doutent de toi
Mais comprendre leur doute au tréfonds de ton âme,
Si tu peux patienter sans que pèse l'attente
Ou subir le mensonge et ne jamais mentir,
Ou supporter la haine et ne jamais haïr,
Sans paraître trop bon, sans paroles savantes ;

Pef

Si tu peux être en paix alors qu'autour de toi
Tous ont perdu la tête et t'en jettent le blâme,
Si tu peux t'affirmer quand tous doutent de toi
Mais comprendre leur doute au tréfonds de ton âme,
Si tu peux patienter sans que pèse l'attente
Ou subir le mensonge et ne jamais mentir,
Ou supporter la haine et ne jamais haïr,
Sans paraître trop bon, sans paroles savantes ;

Si tu peux faire un rêve sans qu'il te domine

Christian Broutin

Si tu peux être en paix alors qu'autour de toi
Tous ont perdu la tête et t'en jettent le blâme,
Si tu peux t'affirmer quand tous doutent de toi
Mais comprendre leur doute au tréfonds de ton âme,
Si tu peux patienter sans que pèse l'attente
Ou subir le mensonge et ne jamais mentir,
Ou supporter la haine et ne jamais haïr,
Sans paraître trop bon, sans paroles savantes ;

Si tu peux faire un rêve sans qu'il te domine
Et si tu peux penser mais n'être pas penseur,

Georg Hallensleben

Si tu peux être en paix alors qu'autour de toi
Tous ont perdu la tête et t'en jettent le blâme,
Si tu peux t'affirmer quand tous doutent de toi
Mais comprendre leur doute au tréfonds de ton âme,
Si tu peux patienter sans que pèse l'attente
Ou subir le mensonge et ne jamais mentir,
Ou supporter la haine et ne jamais haïr,
Sans paraître trop bon, sans paroles savantes ;

Si tu peux faire un rêve sans qu'il te domine
Et si tu peux penser mais n'être pas penseur,
Si tu peux affronter le triomphe et la ruine
En tenant pour égaux ces deux grands imposteurs,

Quentin Blake

Si tu peux être en paix alors qu'autour de toi
Tous ont perdu la tête et t'en jettent le blâme,
Si tu peux t'affirmer quand tous doutent de toi
Mais comprendre leur doute au tréfonds de ton âme,
Si tu peux patienter sans que pèse l'attente
Ou subir le mensonge et ne jamais mentir,
Ou supporter la haine et ne jamais haïr,
Sans paraître trop bon, sans paroles savantes ;

Si tu peux faire un rêve sans qu'il te domine
Et si tu peux penser mais n'être pas penseur,
Si tu peux affronter le triomphe et la ruine
En tenant pour égaux ces deux grands imposteurs,
Si tu peux entendre ta propre vérité
Faussée par des coquins pour égarer les sots,

René Mettler

Si tu peux être en paix alors qu'autour de toi
Tous ont perdu la tête et t'en jettent le blâme,
Si tu peux t'affirmer quand tous doutent de toi
Mais comprendre leur doute au tréfonds de ton âme,
Si tu peux patienter sans que pèse l'attente
Ou subir le mensonge et ne jamais mentir,
Ou supporter la haine et ne jamais haïr,
Sans paraître trop bon, sans paroles savantes ;

Si tu peux faire un rêve sans qu'il te domine
Et si tu peux penser mais n'être pas penseur,
Si tu peux affronter le triomphe et la ruine
En tenant pour égaux ces deux grands imposteurs,
Si tu peux entendre ta propre vérité
Faussée par des coquins pour égarer les sots,
Voir l'œuvre de ta vie sombrer dans le chaos
Et puis la rebâtir de tes outils brisés ;

Donald Grant

Si tu peux être en paix alors qu'autour de toi
Tous ont perdu la tête et t'en jettent le blâme,
Si tu peux t'affirmer quand tous doutent de toi
Mais comprendre leur doute au tréfonds de ton âme,
Si tu peux patienter sans que pèse l'attente
Ou subir le mensonge et ne jamais mentir,
Ou supporter la haine et ne jamais haïr,
Sans paraître trop bon, sans paroles savantes ;

Si tu peux faire un rêve sans qu'il te domine
Et si tu peux penser mais n'être pas penseur,
Si tu peux affronter le triomphe et la ruine
En tenant pour égaux ces deux grands imposteurs,
Si tu peux entendre ta propre vérité
Faussée par des coquins pour égarer les sots,
Voir l'œuvre de ta vie sombrer dans le chaos
Et puis la rebâtir de tes outils brisés ;

Si tu peux devant toi tous tes biens entasser
Et sur un coup de dés risquer de t'en défaire,
Les perdre en un instant et tout recommencer
Sans jamais souffler mot de ce destin contraire,

Claude Lapointe

Si tu peux être en paix alors qu'autour de toi
Tous ont perdu la tête et t'en jettent le blâme,
Si tu peux t'affirmer quand tous doutent de toi
Mais comprendre leur doute au tréfonds de ton âme,
Si tu peux patienter sans que pèse l'attente
Ou subir le mensonge et ne jamais mentir,
Ou supporter la haine et ne jamais haïr,
Sans paraître trop bon, sans paroles savantes ;

Si tu peux faire un rêve sans qu'il te domine
Et si tu peux penser mais n'être pas penseur,
Si tu peux affronter le triomphe et la ruine
En tenant pour égaux ces deux grands imposteurs,
Si tu peux entendre ta propre vérité
Faussée par des coquins pour égarer les sots,
Voir l'œuvre de ta vie sombrer dans le chaos
Et puis la rebâtir de tes outils brisés ;

Si tu peux devant toi tous tes biens entasser
Et sur un coup de dés risquer de t'en défaire,
Les perdre en un instant et tout recommencer
Sans jamais souffler mot de ce destin contraire,
Si tu peux forcer ton cœur, tes nerfs, tes tendons
Depuis longtemps fourbus à servir jusqu'au bout
Et ne pas vaciller lorsque, vidé de tout,
Ta seule Volonté leur enjoint : « Tenez bon ! »

Si tu peux être en paix alors qu'autour de toi
Tous ont perdu la tête et t'en jettent le blâme,
Si tu peux t'affirmer quand tous doutent de toi
Mais comprendre leur doute au tréfonds de ton âme,
Si tu peux patienter sans que pèse l'attente
Ou subir le mensonge et ne jamais mentir,
Ou supporter la haine et ne jamais haïr,
Sans paraître trop bon, sans paroles savantes ;

Si tu peux faire un rêve sans qu'il te domine
Et si tu peux penser mais n'être pas penseur,
Si tu peux affronter le triomphe et la ruine
En tenant pour égaux ces deux grands imposteurs,
Si tu peux entendre ta propre vérité
Faussée par des coquins pour égarer les sots,
Voir l'œuvre de ta vie sombrer dans le chaos
Et puis la rebâtir de tes outils brisés ;

Si tu peux devant toi tous tes biens entasser
Et sur un coup de dés risquer de t'en défaire,
Les perdre en un instant et tout recommencer
Sans jamais souffler mot de ce destin contraire,
Si tu peux forcer ton cœur, tes nerfs, tes tendons
Depuis longtemps fourbus à servir jusqu'au bout
Et ne pas vaciller lorsque, vidé de tout,
Ta seule Volonté leur enjoint : « Tenez bon ! »

Si tu peux dans la foule épargner ta vertu

Jean-Michel Nicollet

Si tu peux être en paix alors qu'autour de toi
Tous ont perdu la tête et t'en jettent le blâme,
Si tu peux t'affirmer quand tous doutent de toi
Mais comprendre leur doute au tréfonds de ton âme,
Si tu peux patienter sans que pèse l'attente
Ou subir le mensonge et ne jamais mentir,
Ou supporter la haine et ne jamais haïr,
Sans paraître trop bon, sans paroles savantes ;

Si tu peux faire un rêve sans qu'il te domine
Et si tu peux penser mais n'être pas penseur,
Si tu peux affronter le triomphe et la ruine
En tenant pour égaux ces deux grands imposteurs,
Si tu peux entendre ta propre vérité
Faussée par des coquins pour égarer les sots,
Voir l'œuvre de ta vie sombrer dans le chaos
Et puis la rebâtir de tes outils brisés ;

Si tu peux devant toi tous tes biens entasser
Et sur un coup de dés risquer de t'en défaire,
Les perdre en un instant et tout recommencer
Sans jamais souffler mot de ce destin contraire,
Si tu peux forcer ton cœur, tes nerfs, tes tendons
Depuis longtemps fourbus à servir jusqu'au bout
Et ne pas vaciller lorsque, vidé de tout,
Ta seule Volonté leur enjoint : « Tenez bon ! »

Si tu peux dans la foule épargner ta vertu
Ou aux côtés des rois garder le sens commun,

Tony Ross

Si tu peux être en paix alors qu'autour de toi
Tous ont perdu la tête et t'en jettent le blâme,
Si tu peux t'affirmer quand tous doutent de toi
Mais comprendre leur doute au tréfonds de ton âme,
Si tu peux patienter sans que pèse l'attente
Ou subir le mensonge et ne jamais mentir,
Ou supporter la haine et ne jamais haïr,
Sans paraître trop bon, sans paroles savantes ;

Si tu peux faire un rêve sans qu'il te domine
Et si tu peux penser mais n'être pas penseur,
Si tu peux affronter le triomphe et la ruine
En tenant pour égaux ces deux grands imposteurs,
Si tu peux entendre ta propre vérité
Faussée par des coquins pour égarer les sots,
Voir l'œuvre de ta vie sombrer dans le chaos
Et puis la rebâtir de tes outils brisés ;

Si tu peux devant toi tous tes biens entasser
Et sur un coup de dés risquer de t'en défaire,
Les perdre en un instant et tout recommencer
Sans jamais souffler mot de ce destin contraire,
Si tu peux forcer ton cœur, tes nerfs, tes tendons
Depuis longtemps fourbus à servir jusqu'au bout
Et ne pas vaciller lorsque, vidé de tout,
Ta seule Volonté leur enjoint : « Tenez bon ! »

Si tu peux dans la foule épargner ta vertu
Ou aux côtés des rois garder le sens commun,
Par rivaux ou amis n'être pas abattu,

Pierre-Marie Valat

Si tu peux être en paix alors qu'autour de toi
Tous ont perdu la tête et t'en jettent le blâme,
Si tu peux t'affirmer quand tous doutent de toi
Mais comprendre leur doute au tréfonds de ton âme,
Si tu peux patienter sans que pèse l'attente
Ou subir le mensonge et ne jamais mentir,
Ou supporter la haine et ne jamais haïr,
Sans paraître trop bon, sans paroles savantes ;

Si tu peux faire un rêve sans qu'il te domine
Et si tu peux penser mais n'être pas penseur,
Si tu peux affronter le triomphe et la ruine
En tenant pour égaux ces deux grands imposteurs,
Si tu peux entendre ta propre vérité
Faussée par des coquins pour égarer les sots,
Voir l'œuvre de ta vie sombrer dans le chaos
Et puis la rebâtir de tes outils brisés ;

Si tu peux devant toi tous tes biens entasser
Et sur un coup de dés risquer de t'en défaire,
Les perdre en un instant et tout recommencer
Sans jamais souffler mot de ce destin contraire,
Si tu peux forcer ton cœur, tes nerfs, tes tendons
Depuis longtemps fourbus à servir jusqu'au bout
Et ne pas vaciller lorsque, vidé de tout,
Ta seule Volonté leur enjoint : « Tenez bon ! »

Si tu peux dans la foule épargner ta vertu
Ou aux côtés des rois garder le sens commun,
Par rivaux ou amis n'être pas abattu,
Si chacun à tes yeux compte comme un humain,

Maurice Pommier

Si tu peux être en paix alors qu'autour de toi
Tous ont perdu la tête et t'en jettent le blâme,
Si tu peux t'affirmer quand tous doutent de toi
Mais comprendre leur doute au tréfonds de ton âme,
Si tu peux patienter sans que pèse l'attente
Ou subir le mensonge et ne jamais mentir,
Ou supporter la haine et ne jamais haïr,
Sans paraître trop bon, sans paroles savantes ;

Si tu peux faire un rêve sans qu'il te domine
Et si tu peux penser mais n'être pas penseur,
Si tu peux affronter le triomphe et la ruine
En tenant pour égaux ces deux grands imposteurs,
Si tu peux entendre ta propre vérité
Faussée par des coquins pour égarer les sots,
Voir l'œuvre de ta vie sombrer dans le chaos
Et puis la rebâtir de tes outils brisés ;

Si tu peux devant toi tous tes biens entasser
Et sur un coup de dés risquer de t'en défaire,
Les perdre en un instant et tout recommencer
Sans jamais souffler mot de ce destin contraire,
Si tu peux forcer ton cœur, tes nerfs, tes tendons
Depuis longtemps fourbus à servir jusqu'au bout
Et ne pas vaciller lorsque, vidé de tout,
Ta seule Volonté leur enjoint : « Tenez bon ! »

Si tu peux dans la foule épargner ta vertu
Ou aux côtés des rois garder le sens commun,
Par rivaux ou amis n'être pas abattu,
Si chacun à tes yeux compte comme un humain,
Si, face au Temps cruel, tu peux sans artifice
User de chaque instant pour continuer ta course,

François Place

Si tu peux être en paix alors qu'autour de toi
Tous ont perdu la tête et t'en jettent le blâme,
Si tu peux t'affirmer quand tous doutent de toi
Mais comprendre leur doute au tréfonds de ton âme,
Si tu peux patienter sans que pèse l'attente
Ou subir le mensonge et ne jamais mentir,
Ou supporter la haine et ne jamais haïr,
Sans paraître trop bon, sans paroles savantes ;

Si tu peux faire un rêve sans qu'il te domine
Et si tu peux penser mais n'être pas penseur,
Si tu peux affronter le triomphe et la ruine
En tenant pour égaux ces deux grands imposteurs,
Si tu peux entendre ta propre vérité
Faussée par des coquins pour égarer les sots,
Voir l'œuvre de ta vie sombrer dans le chaos
Et puis la rebâtir de tes outils brisés ;

Si tu peux devant toi tous tes biens entasser
Et sur un coup de dés risquer de t'en défaire,
Les perdre en un instant et tout recommencer
Sans jamais souffler mot de ce destin contraire,
Si tu peux forcer ton cœur, tes nerfs, tes tendons
Depuis longtemps fourbus à servir jusqu'au bout
Et ne pas vaciller lorsque, vidé de tout,
Ta seule Volonté leur enjoint : « Tenez bon ! »

Si tu peux dans la foule épargner ta vertu
Ou aux côtés des rois garder le sens commun,
Par rivaux ou amis n'être pas abattu,
Si chacun à tes yeux compte comme un humain,
Si, face au Temps cruel, tu peux sans artifice
User de chaque instant pour continuer ta course,
Tu auras en tes mains le monde et ses ressources

Yvon Le Corre

Si tu peux être en paix alors qu'autour de toi
Tous ont perdu la tête et t'en jettent le blâme,
Si tu peux t'affirmer quand tous doutent de toi
Mais comprendre leur doute au tréfonds de ton âme,
Si tu peux patienter sans que pèse l'attente
Ou subir le mensonge et ne jamais mentir,
Ou supporter la haine et ne jamais haïr,
Sans paraître trop bon, sans paroles savantes ;

Si tu peux faire un rêve sans qu'il te domine
Et si tu peux penser mais n'être pas penseur,
Si tu peux affronter le triomphe et la ruine
En tenant pour égaux ces deux grands imposteurs,
Si tu peux entendre ta propre vérité
Faussée par des coquins pour égarer les sots,
Voir l'œuvre de ta vie sombrer dans le chaos
Et puis la rebâtir de tes outils brisés ;

Si tu peux devant toi tous tes biens entasser
Et sur un coup de dés risquer de t'en défaire,
Les perdre en un instant et tout recommencer
Sans jamais souffler mot de ce destin contraire,
Si tu peux forcer ton cœur, tes nerfs, tes tendons
Depuis longtemps fourbus à servir jusqu'au bout
Et ne pas vaciller lorsque, vidé de tout,
Ta seule Volonté leur enjoint : « Tenez bon ! »

Si tu peux dans la foule épargner ta vertu
Ou aux côtés des rois garder le sens commun,
Par rivaux ou amis n'être pas abattu,
Si chacun à tes yeux compte comme un humain,
Si, face au Temps cruel, tu peux sans artifice
User de chaque instant pour continuer ta course,
Tu auras en tes mains le monde et ses ressources
Et, plus que tout, tu seras un homme mon fils !

Jacqueline Duhême

IF you can keep your head when all about you
Are losing theirs and blaming it on you,
If you can trust yourself when all men doubt you,
But make allowance for their doubting too;
If you can wait and not be tired by waiting,
Or being lied about, don't deal in lies,
Or being hated, don't give way to hating,
And yet don't look too good, nor talk too wise:

If you can dream – and not make dreams your master;
If you can think – and not make thoughts your aim;
If you can meet with Triumph and Disaster
And treat those two impostors just the same;
If you can bear to hear the truth you've spoken
Twisted by knaves to make a trap for fools,
Or watch the things you gave your life to, broken,
And stoop and build 'em up with worn-out tools:

If you can make one heap of all your winnings
And risk it on one turn of pitch-and-toss,
And lose, and start again at your beginnings
And never breathe a word about your loss;
If you can force your heart and nerve and sinew
To serve your turn long after they are gone,
And so hold on when there is nothing in you
Except the Will which says to them: "Hold on!"

If you can talk with crowds and keep your virtue,
Or walk with Kings – nor lose the common touch,
If neither foes nor loving friends can hurt you,
If all men count with you, but none too much;
If you can fill the unforgiving minute
With sixty seconds' worth of distance run,
Yours is the Earth and everything that's in it,
And - which is more – you'll be a Man, my son!

SI Rudyard Kipling

Tout le monde a en mémoire ces chefs-d'œuvre inoubliables qui ont marqué l'enfance de chacun : *Le livre de la jungle*, *Kim*, *Histoires comme ça*, *Capitaines courageux*.

Si Rudyard Kipling est l'un des plus grands auteurs pour la jeunesse, il fut aussi un grand poète et *If...* est un de ses poèmes les plus célèbres au monde, et les plus traduits.

Né le 30 décembre 1865 à Bombay, Rudyard Kipling était le fils d'Alice et de John Lockwood Kipling, sculpteur et professeur d'arts plastiques à Bombay.
Ses parents s'étaient rencontrés en Angleterre près du lac Rudyard, dont ils donnèrent le nom à leur fils. Il a six ans, et sa sœur Trix, trois ans, quand ils sont envoyés en Angleterre, à Southsea, afin d'y recevoir une éducation traditionnelle, et mis en pension dans une famille d'accueil.
Les enfants, surtout Rudyard, vécurent six années éprouvantes loin de leurs parents. Un enfer heureusement compensé par des séjours « paradisiaques » chez leur tante, épouse du peintre Burne-Jones.
En janvier 1878, Kipling entre dans un collège qui prépare à la carrière militaire. Il y noue de solides amitiés et s'en inspirera dans *Stalky et Cie*.
Devenu journaliste, il entre à la *Civil & Military Gazette* de Lahore et compose des nouvelles pour ce journal.
Il se rend fréquemment dans la station de montagne de Shimla, qui sera pour lui une grande source d'inspiration.
En 1889 il fait de nombreux voyages (Rangoon, Singapour, Hong Kong et le Japon), traverse les États-Unis, rencontre Mark Twain, et débarque à Liverpool.
Il fait la connaissance de Wolcott Balestier, écrivain américain et agent littéraire, dont il épousera la sœur Caroline, en 1892.
Le couple aura trois enfants, s'installe aux États-Unis, dans le Vermont. Kipling y compose les deux volumes du *Livre de la jungle*, *Capitaines courageux* et de nombreux poèmes.
En septembre 1896, c'est le retour en Angleterre, et l'installation dans le Devon.
Il rédige *Stalky et Cie* et compose les *Histoires comme ça*. Kipling est désormais célèbre. Il se rend fréquemment en Afrique du Sud où il se lie avec les grands politiciens du pays et soutient la cause anglaise dans la guerre des Boers.
En 1907, il reçoit le prix Nobel de littérature. Son fils aîné John est tué au front en 1915.
En 1932, il publie *Contes de la vie terrestre et maritime* pour les scouts et les guides, qui inspireront Baden-Powell, le fondateur du mouvement scout.
Kipling meurt en 1936 des suites d'une hémorragie. Ses cendres sont déposées à l'abbaye de Westminster.

Si Rudyard Kipling est l'un des plus grands auteurs pour la jeunesse, il fut aussi un grand poète et *If...* est un de ses poèmes les plus célèbres au monde, et les plus traduits.
If... fait partie du recueil de nouvelles *Adieu, les fées*, une des œuvres les plus originales de Kipling, qui allie subtilement contes et poèmes, et figure à la fin de sa nouvelle *Frère Bouts-Carrés*.
Il a paru pour la première fois en octobre 1910.
Kipling explique dans son autobiographie que ces vers lui furent inspirés par Sir Leander Starr Jameson (1853-1917), médecin et homme politique, qui s'était installé en Afrique du Sud et était devenu l'ami de Cecil Rhodes, homme d'État britannique qui fit carrière en politique en Afrique du Sud et fut très impliqué dans la guerre des Boers. Il conduisit le fameux raid qui devait renverser le gouvernement boer de Kruger. Capturé, il fut remis aux autorités britanniques qui le condamnèrent à quinze mois de prison. De retour en Afrique du Sud, il devint Premier ministre de la colonie du Cap de 1904 à 1908.
Dans ce poème, Kipling exprime une éthique rigoureuse faite de respect de soi et des autres, d'attachement aux convictions personnelles allant de pair avec la tolérance.
If... est un hymne à la sagesse, à la maîtrise de soi, à l'honnêteté et à la probité. Il prône la mesure, la patience, la lucidité, la vie simple mais ancrée dans le réel.
If... est une profession de foi humaniste.

Raymond Stoffel

Rudyard Kipling, enfant de dix ans.

Portrait de Rudyard Kipling, gravure de William Strang.

Sir Leander Starr Jameson Illustration de Spy in *Vanity Fair*, 1896.

Rudyard Kipling dans la jungle, caricature de Barrere, 1929.

Illustration de Rudyard Kipling pour *Histoires comme ça*.

SI

Pierre Marchand, né en 1939 à Bouin dans le Marais breton, entre chez Gallimard en 1972, y fonde le département Jeunesse. Éditeur-architecte, il a conçu et façonné, entre autres, « Folio Junior », « Découvertes Gallimard », « Mes Premières Découvertes », les « Yeux de la Découverte », les « Guides Gallimard ». Possédé d'un génie visionnaire, « chef d'orchestre rugissant » (comme dit François Place), il obligeait à grandir tous ceux qui travaillaient avec lui et créaient pour lui.

Jean-François Ménard habite Paris. Il aime à la folie les ours, la gastronomie, les voitures anciennes, le jazz, la musique classique, la guitare, le piano, les États-Unis, la Grande-Bretagne, Venise, Rome, la Sardaigne et Roscoff. Lorsque ces diverses passions lui laissent un peu de temps, il traduit – parfois même écrit – des livres pour la jeunesse.

Titouan Lamazou est né à Casablanca en 1955. À 17 ans, il quitte le lycée pour s'inscrire aux Beaux-Arts. À 20 ans, il embarque sur *Pen Duick VI* avec Éric Tabarly. Après un an de dessin et de photos, il revient à la voile et bat moult records. Après le naufrage de sa goélette géante de 43 m, Titouan décide de se consacrer à la peinture et aux voyages. Pour son grand projet *Femmes du monde*, l'UNESCO l'a nommé « Artiste pour la Paix ».

Georges Lemoine
Pour toi, Pierre, cette évocation de Wang-Fô !
Premier des textes que tu me donnas à illustrer.
1979, Marguerite Yourcenar, *Comment Wang-Fô fut sauvé.*
Ce n'était pas rien !
Tu inventais des livres et les collections qui leur offraient gîte et couvert.
Le monde a bien changé, tu sais !
Si tu revenais, tu piquerais de saines colères ! Tu as fait naître plus de la moitié des livres de mon catalogue...
Sois-en remercié de tout cœur.

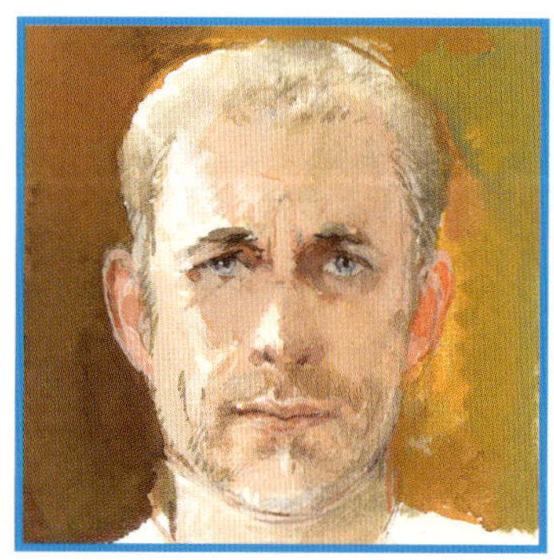

Jame's Prunier est né le 25 avril 1959 à Oran, en Algérie. Il étudie le dessin à l'école de l'Image, à Épinal, puis aux beaux-arts de Nancy, où il réside avec sa femme et leurs filles. Éternel rêveur, voyageur sans voyages, il aime à cultiver l'art de la sieste, celui de la patience et de la longueur du temps. Ses professeurs disaient de lui : « Se réserve pour plus tard ». Est-on déjà plus tard ?

Henri Galeron est né en 1939. Diplômé national des Beaux-Arts en 1961. Il assure la direction artistique des Jeux éducatifs Nathan à partir de 1972. Il est indépendant en 1974 : Harlin Quist publie son premier livre : *Le Kidnapping de la cafetière*. Depuis, il illustre des livres avec de nombreux éditeurs et quelques grands auteurs. Prix Honoré en 1985, il enseigne l'illustration à l'école Émile-Cohl de Lyon de 1987 à 1990. Aujourd'hui il vit et travaille à Montrouge.

Voici soixante petites années que **Pef** est au monde. Au monde des mots tordus avec le Prince du même nom. Fils d'enseignante et d'homme de théâtre, ancien journaliste, passionné par tout ce qui vole ou roule, il s'est frotté à la bande dessinée, à la poésie, à l'opéra, au dessin animé. Son fils Alexis est dans l'image, sa fille Elsa, dans la chanson, Geneviève, sa femme, assure la couleur des ruades de ce vieux cheval... de traits.

Christian Broutin est né le dimanche 5 mars 1933... dans la cathédrale de Chartres ! Il sort de l'école des Métiers d'art en 1951. Peintre et illustrateur, il a réalisé de nombreuses campagnes de publicité, des timbres, des affiches de film, dont celle de *Jules et Jim*, a illustré des romans et a collaboré avec de grands magazines de presse. En 1995, il illustre *Le livre de la jungle* de Kipling. Il expose en France et à l'étranger. Son œuvre a reçu de nombreux prix.

Georg Hallensleben est né à Wuppertal en Allemagne, en 1958. Il a créé avec Kate Banks *Ferme les yeux*, *Le voyage du chat à travers la France*, et beaucoup d'autres albums. Peintre exceptionnellement doué, il trouve avec Anne Gutman, l'auteur des histoires de *Pénélope*, les aspects concrets et le quotidien de la vie des enfants. Leurs livres témoignent de cette parfaite symbiose créatrice. Georg vit maintenant à Paris, avec Anne et leurs trois enfants.

Quentin Blake est né en 1932 et a étudié la littérature à Cambridge. Il a illustré pour les enfants et pour les adultes plus de 300 livres et, si ses dessins seront toujours associés au nom de Roald Dahl, il a également collaboré avec d'autres grands écrivains. Il est aussi l'auteur de nombre de ses propres albums. Il a organisé et illustré l'exposition de réouverture du Petit Palais à Paris en 2005. Il est commandeur du British Empire et officier des Arts et des Lettres.

René Mettler a suivi une formation de graphiste à l'école des Arts appliqués de Bienne en Suisse. Il travaille ensuite aux studios de design graphique des magasins Prisunic, et dans différentes agences de publicité. Puis il dirige les studios d'un grand cabinet de design et commence à travailler en tant qu'illustrateur suite à un long séjour à Londres où il est confronté à l'illustration anglaise. Sa prédilection pour les thèmes sur la nature l'amène à réaliser des ouvrages documentaires pour la jeunesse.

Donald Grant, d'origine écossaise, est né en 1954 à Brooklyn, New York.
Il a fait ses études au Pratt Institute. Mais, réflexion faite, sa meilleure école a sans doute été le voyage. En effet, il a passé six ans à parcourir le monde, peut-être pour l'observer et réfléchir, avant de choisir le dessin pour s'exprimer.
En France, avec Aoua, son épouse, depuis 1980, il a illustré, entre autres, de très nombreux titres pour « Mes Premières Découvertes ».

Claude Lapointe
est né en Lorraine, en gare de Rémilly, en 1938.
Son premier dessin d'importance a été une locomotive.
Il crée l'atelier d'illustration de l'école des Arts décoratifs de Strasbourg.
En 1978, il illustre *La guerre des Boutons* de Louis Pergaud.
Beaucoup d'autres suivront.
Depuis 2005, la peinture retient toute son attention.
Vers 2013, il relira les 172 livres qu'il a illustrés.

Comment raconter **Marc P.G. Berthier** et de qui vais-je vous parler ?
Du marin averti, commodore du RMYS...
De l'écrivain inspiré, auteur d'inénarrables nouvelles...
Du jardinier émérite...
Du décorateur de génie...
Du tennisman de haute volée (!)... Du dandy distingué...
De l'humoriste prolifique...
Ah, j'allais oublier l'artiste, le peintre, devenu « de la marine », rien que pour honorer ses amis...

PIERRE MARCHAND

Jean-Michel Nicollet
est avant tout un amateur de curiosités. Passionné de littérature populaire, il a illustré de nombreux ouvrages : policiers, fantastiques, aventures et fictions, aussi bien pour les adultes que pour la jeunesse.
Il consacre ses moments perdus à la peinture et à la musique, plus particulièrement au blues.

Tony Ross est né à Londres en 1938 et a étudié l'art à Liverpool.
Il a travaillé dans la publicité, comme typographe et maquettiste graphiste.
Puis il est devenu enseignant en design à l'école polytechnique de Manchester. Il a laissé l'enseignement dans les années 1980 et s'est concentré sur les livres pour enfants.
Il a écrit à peu près 100 œuvres et en a illustré environ 800.
Il travaille actuellement sur sa quatrième série de dessins animés pour la TV.

Pierre-Marie Valat
Si, comme PMV,
tu auras pu passer

Ta vie à dessiner,
bricoler, rêvasser,

Si tu penses que l'humain
n'est qu'un singe sans poils,

Si tu ne crois en rien,
sauf en ta bonne étoile,

Et si ta bonne étoile,
par un miracle offert,

Veut bien encore une fois
remettre le couvert,

Tu seras un homme plutôt verni,
mon fils.

Maurice Pommier

Plantigrade.

Dessineur.

Peinteur.

Né le 9-12-1946.

Fabricant de miquets
depuis 1990.

François Place
Quand j'étais jeune, j'ai croisé sur ma route le bouillonnant Pierre Marchand. Une sorte de météorite dont il était difficile de ne pas subir l'attraction. Je ne sais pas s'il a tenu compte de tous ces « Si », certainement pas de tous ces « peut-être ». Lui, il voulait avant tout être lui-même. Cela avait une grande vertu, quand on était face à lui, complicité ou confrontation : on n'avait pas d'autre choix que d'essayer d'en faire autant.

Yvon Le Corre est un personnage de Jack London, son premier bateau le vieux smack *Iris* ; le smack de London, ne s'appelait-il pas *Snark* ? Comme le loup des mers, Yvon sait raconter les colères de l'océan en y mêlant les siennes.
Mais s'il est marin, s'il est écrivain, s'il est poète, il est encore plus dessinateur et peintre… Je continuerai de l'aimer et de le publier pour mon plaisir et celui de mes amis.

PIERRE MARCHAND

On appelle **Jacqueline Duhême** « l'imagière » des poètes. Née à Versailles, elle a débuté comme aide d'atelier chez Matisse.
Les grands poètes qu'elle a illustrés, Paul Eluard, Jacques Prévert, Blaise Cendrars, Claude Roy, entre autres, elle a eu le mérite de les amener à écrire pour la jeunesse. Elle a illustré aussi ses propres textes.
Elle a inventé le reportage en dessins, en voyageant avec Kennedy, de Gaulle et le pape Paul VI.

ROGER GRENIER

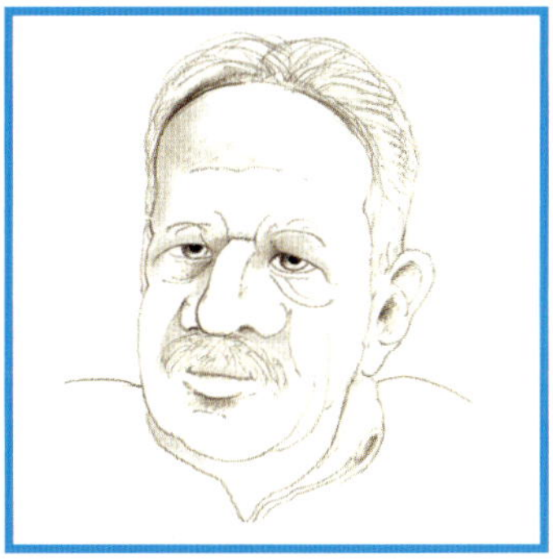

Etienne Delessert
est auteur et illustrateur de près de 80 livres, traduits en quinze langues.
En 1975, le musée des Arts décoratifs du Louvre lui a consacré une première rétrospective.
En 1991, le Palazzo delle Esposizioni de Rome et, en 1997, le Musée olympique de Lausanne ont présenté de larges expositions qui tournèrent en Europe et aux États-Unis.
Né en Suisse en 1941, il vit dans le Connecticut avec sa femme Rita Marshall et leur fils Adrien.

Raymond Stoffel,
luxembourgeois, est graphiste aux Éditions Gallimard, où il a évolué depuis 1971 avec les artistes de ce livre et beaucoup d'autres encore.
Il a eu l'immense chance de participer à toute l'histoire de Gallimard Jeunesse en compagnie de Gaston, Claude, Christian et Antoine Gallimard, sous les fortes et belles présences de Massin, Pierre Marchand, Jean-Olivier Héron, Hedwige Pasquet et de leurs formidables équipes.
Illustrateur depuis 2010…

Ce volume hors série,
en hommage à Pierre Marchand,
a été composé en ClearvieuwOne,
sous la direction artistique
de Raymond Stoffel
avec la précieuse collaboration
de Gianni Stavro
et de Rodolfo Zanardi

Iconographie :

p. 42 : Portrait photographique
de Rudyard Kipling
vers 1912 par E. O. Hoppé.
© E. O. Hoppé/Corbis.

p. 43 a : Portrait photographique
de Rudyard Kipling enfant, vers 1875.
© Mary Evans/Rue des Archives.

p. 43 b : Portrait de Rudyard Kipling,
gravure de William Strang.
© Mary Evans/Rue des Archives.

p. 43 c : Sir Leander Starr Jameson (1853-1917),
médecin puis homme politique en Afrique du Sud.
Illustration de Spy in *Vanity Fair*, 1896.
© Mary Evans/Rue des Archives.

p. 43 d : Rudyard Kipling dans la jungle
avec un lion et un serpent,
caricature de Barrere, 1929.
© Mary Evans/Rue des Archives.

p. 43 e : Illustration de Rudyard Kipling
Page de titre
pour *Histoires comme ça*

P. 44 a et b : Illustrations
de Raymond Stoffel
p. 44 c : Photo :
Patrick Léger/Gallimard Jeunesse

Photogravure : IGS
ISBN : 978-2-07-062135-4

Numéro d'édition : 160309
Loi n° 49-956 du 16 juillet 1949
sur les publications destinées à la jeunesse
Dépôt légal : mars 2009
Imprimé en Italie par Zanardi Group